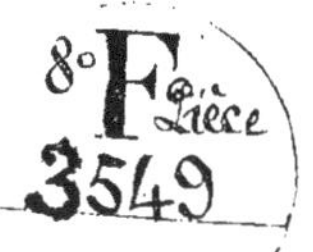

EXTRAIT
DES LOIS NOUVELLES
REVUE BI-MENSUELLE DE LÉGISLATION ET DE JURISPRUDENCE
Emile SCHAFFHAUSER, Directeur

DE

L'ASSISTANCE JUDICIAIRE

ET DES

DÉCLARATIONS DE NATIONALITÉ

PAR

Raymond HUBERT
AVOCAT A NICE

PARIS

AUX BUREAUX
DES
LOIS NOUVELLES
31 bis, Faubourg-Montmartre, 31 bis

LIBRAIRIE DE LA SOCIÉTÉ DU RECUEIL
GÉNÉRAL DES LOIS ET DES ARRETS
Et du Journal du Palais
Ancienne Maison L. LAROSE & FORCEL
22, rue Soufflot, Paris
L. LAROSE, Directeur de la Librairie

1903

DE

L'ASSISTANCE JUDICIAIRE

ET DES

DÉCLARATIONS DE NATIONALITÉ

EXTRAIT
DES LOIS NOUVELLES
REVUE BI-MENSUELLE DE LÉGISLATION ET DE JURISPRUDENCE
Emile SCHAFFHAUSER, Directeur

DE L'ASSISTANCE JUDICIAIRE ET DES DÉCLARATIONS DE NATIONALITÉ

PAR

Raymond HUBERT
AVOCAT A NICE

PARIS

AUX BUREAUX
DES
LOIS NOUVELLES
31 bis, Faubourg-Montmartre, 31 bis

LIBRAIRIE DE LA SOCIÉTÉ DU RECUEIL
GÉNÉRAL DES LOIS ET DES ARRETS
Et du Journal du Palais
Ancienne Maison L. LAROSE & FORCEL
22, rue Soufflot, Paris
L. LAROSE, Directeur de la Librairie

1903

DE

L'ASSISTANCE JUDICIAIRE

ET DES

DÉCLARATIONS DE NATIONALITÉ

Des voies de recours contre les décisions du bureau d'assistance judiciaire. — De la compétence judiciaire en matière de déclaration de nationalité.

1. — Voici dans quelles circonstances de fait se sont posées les questions que nous venons d'énoncer.

Une dame Maccario, veuve Vernetti, avait été autorisée par décision du bureau d'assistance judiciaire de Nice en date du 18 janvier 1902 à souscrire avec dispense de tous frais la déclaration prévue par l'article 10 du Code civil à l'effet d'acquérir la nationalité française.

L'enregistrement de la déclaration ainsi souscrite fut refusé au ministère de la justice par la dépêche dont la teneur suit :

MINISTÈRE DE LA JUSTICE
—
Direction des affaires civiles et du Sceau.
—
Bureau du Sceau.
N° 1890 × 02.

Paris, le 17 mars 1902.

Monsieur le Procureur de la République.

Vous m'avez transmis le 3 mars courant les deux exemplaires de la déclaration de nationalité souscrite le 29 février 1902 devant M. le juge de paix du canton Est de Nice par la dame Maccario Anne, veuve Vernetti, demeurant à Nice, boulevard Carnot.

Le juge de paix a dressé les deux exemplaires sur papier libre et annexé les documents d'état civil, visés pour timbre gratis, le tout en vertu d'une décision admettant la dame Vernetti au bénéfice de l'assistance judiciaire.

Cette manière de procéder est irrégulière. *L'assistance judiciaire organisée pour permettre aux indigents de défendre leurs intérêts devant les tribunaux ne peut servir à dispenser des formalités prescrites pour des actes qui n'ont rien de contentieux.*

Vous voudrez bien inviter M. le juge de paix à se conformer aux prescriptions de l'article 6 du décret du 13 août 1889, qui exige que la déclaration soit reçue en double exemplaire sur papier timbré.

La dame Vernetti devra être également mise en demeure de faire timbrer à l'extraordinaire conformément à la loi du 13 brumaire an VII les documents qu'elle produira à l'appui de sa déclaration.

Recevez, Monsieur le procureur de la République, l'expression de ma considération distinguée.

Le garde des sceaux, ministre de la justice.

Par autorisation

Le conseiller d'Etat, directeur des affaires civiles et du Sceau.

(*Signé*) : V. MERCIER.

2. — L'intéressée se pourvut devant la juridiction civile contre ce refus d'enregistrement, conformément aux dispositions du nouvel article 9, paragraphe 2 du Code civil, le bénéfice de l'assistance judiciaire lui ayant été accordé pour cette éventualité.

A la date du 20 mai 1902 le tribunal civil de Nice rendit le jugement dont la teneur suit :

Le tribunal,

Vu la requête qui précède et les pièces à l'appui ;

Après avoir entendu M. le juge Roure en son rapport, M. le procureur de la République en ses conclusions et après en avoir délibéré conformément à la loi ;

Attendu que le ministre de la justice n'a pas refusé l'enregistrement de la déclaration de nationalité française faite par la dame Maccario parce que celle-ci ne serait pas dans les conditions voulues par la loi ;

Qu'il a simplement refusé de l'examiner parce que cette déclaration et les pièces à l'appui n'étaient pas timbrées, que la dame Maccario ne se trouve donc pas dans la situation prévue par l'article 9 du Code civil pour se pourvoir devant le tribunal ;

Attendu d'autre part, que si la loi du 10 juillet 1901 a étendu aux actes d'exécution le bénéfice de l'assistance judiciaire, elle ne l'a pas étendu aux actes susceptibles d'engendrer un procès, c'est-à-dire à tous les actes ; que le bureau d'assistance judiciaire de Nice a donc outrepassé son droit en accordant à la dame Maccario l'assistance judiciaire pour faire sa déclaration au ministère de la justice, que si cette déclaration y est enregistrée il ne peut y avoir aucun procès et que c'est au cas seulement et après que le ministère aurait refusé de l'enregistrer, parce qu'elle ne lui aurait point paru dans les conditions voulues par la loi, que l'assistance judiciaire aurait pu être accordée à la dame Maccario pour se pourvoir devant le tribunal ;

Attendu, enfin, que l'assistance judiciaire n'est pas admise devant les ministres même statuant au contentieux, que le ministre de la justice est donc encore moins tenu d'obtempérer à une décision accordant l'assistance judiciaire pour dispenser du timbre des pièces qui doivent lui être produites, que ne le serait une cour d'appel ou la Cour de cassation d'obtempérer à la décision d'un bureau d'assistance près d'un tribunal de première instance ; que si l'article 12 de la loi de 1901 porte que les décisions du bureau judiciaire ne sont susceptibles d'aucun recours, cette interdiction ne s'applique qu'aux parties et non point aux juridictions, qui ont le droit et le devoir de n'admettre que les décisions légales et émanant d'un bureau compétent.

Par ces motifs,

Statuant sur la requête, déclare la requête de la dame Maccario irrecevable et mal fondée, la rejette.

Et condamne la dite dame aux dépens.

Président : M. Couinaud ; minist. publ. M. de Catalogne, substitut ; avocat Me Raymond Hubert.

3. — Sur appel intervint à la date du 17 juillet suivant l'arrêt confirmatif dont la teneur suit :

La Cour,

Considérant que le recours devant la juridiction civile contre les décisions du ministre de la justice, institué par l'article 9 du Code civil, a un caractère exceptionnel ; qu'il doit par suite être limité au cas prévu par ce texte où l'enregistrement de la déclaration serait refusé parce que le déclarant ne serait pas dans les conditions voulues par la loi ;

Considérant que tel n'est pas en l'espèce le motif sur lequel s'est fondé le ministre de la justice pour écarter la déclaration de nationalité de la dame Maccario ; qu'il s'est borné en effet à refuser d'examiner cette déclaration parce qu'elle ne lui avait pas été soumise suivant les formes réglementaires, que dans ce cas aucun texte n'autorise un recours devant la juridiction civile.

Par ces motifs et ceux non contraires des premiers juges,

Confirme le jugement entrepris en ce qu'il a déclaré non recevable la demande de la dame Maccario, condamne celle-ci à l'amende et aux dépens.

M. Giraud, président ; M. Lafon de Cluzeau, avocat général, ministère public ; Me Bagarry, avocat.

N. B. — Cet arrêt équivaut à une confirmation pure et simple ; il est trop évident qu'il ne peut rien contenir de contraire au jugement puisque son unique motif lui est emprunté.

4. — La dépêche ministérielle du 17 mars 1902, qui fut le point de départ du litige actuel, méconnaît formellement le texte de la loi.

Aux termes mêmes de ce document, dont nous laissons au lecteur le soin d'apprécier la valeur juridique « *l'assistance judiciaire organisée pour permettre aux indigents de défendre leurs intérêts devant les tribunaux, ne peut servir à dispenser des formalités prescrites pour des actes qui n'ont rien de contentieux* ».

Cette théorie conforme aux errements de la loi du 22 janvier 1851, aujourd'hui abrogée, est en contradiction flagrante avec le texte de la loi du 10 juillet 1901, qui dans son article premier — et c'est là une de ses innovations — a étendu le bénéfice de l'assistance judiciaire aux actes de juridiction gracieuse.

Quelle que soit donc quant au fond la valeur de la thèse du ministre, le motif qu'il invoque à l'appui est entaché d'une flagrante erreur de droit, aussi est-ce à l'aide d'autres arguments que le tribunal et la cour ont dû chercher à faire triompher une cause que l'administration avait si mal plaidée.

5. — Nous allons, tout en gardant le respect professionnel que nous devons aux partisans de ce système, entreprendre sa réfutation sur le libre terrain de la discussion juridique, avec autant de liberté, de franchise et d'indépendance, que si nous étions appelé à défendre encore nos convictions personnelles devant les magistrats qui se sont refusés à les partager.

Dans autant de chapitres distincts, nous discuterons contradictoirement avec la jurisprudence, les trois questions suivantes :

1° De quelles voies de recours est susceptible une décision du bureau d'assistance judiciaire ?

2° Quelle est l'étendue de la compétence judiciaire en matière de déclaration de nationalité ?

3° Les déclarations de nationalité peuvent-elles bénéficier de l'assistance judiciaire aux termes de l'article 1er de la loi du 10 juillet 1901 ?

Ce sont là des problèmes juridiques d'autant plus intéressants que les deux derniers, tout au moins, se posaient à la barre pour la première fois.

CHAPITRE PREMIER

Des voies de recours contre les décisions des bureaux d'assistance judiciaire.

6. — Ces voies de recours, quelles sont-elles en principe, et le ministre avait-il compétence dans l'espèce pour réformer une décision du bureau d'assistance judiciaire, par voie d'exception, au moyen d'un simple refus d'enregistrement ?

Telle est la question qui se posait tout d'abord, et elle avait un caractère nettement préjudiciel, car de ce chef, la demanderesse ne concluait rien moins qu'à l'incompétence du tribunal sur le fond du droit, aussi la méthode qu'ont suivie les juges, en commençant par l'examen de ce dernier point, nous semble-t-elle peu conforme à la logique et au droit.

7. — Nous n'hésitons pas à répondre négativement à la question que nous venons de poser. Non, le ministre n'avait pas le droit de tenir pour nulle et non avenue, une décision du bureau, fût-elle même illégale quant au fond ; l'examen de ce point, dépassant les limites de la compétence du tribunal lui-même, échappait *à fortiori*, au contrôle de la chancellerie.

Un texte formel, en effet, réglemente limitativement les voies de recours en la matière.

Ce texte, c'est l'article 12, alinéas 2 et 3 de la loi du 10 juillet 1901, reproduction littérale du reste de l'article 12 de la loi du 22 janvier 1851 et dont voici la teneur :

« Les décisions du bureau ne sont susceptibles d'aucun recours.
Néanmoins, le procureur général, après avoir pris connaissance de la décision d'un bureau établi près du tribunal et des pièces à l'appui, peut sans retard de l'instruction ou du jugement, déférer cette décision au bureau établi près de la cour d'appel, pour être réformée s'il y a lieu ».

Le législateur commence par proclamer en termes absolus, la souveraineté des décisions du bureau d'assistance judiciaire ; la restriction qu'il apporte ensuite à ce principe est évidemment de droit étroit, c'est, pour nous servir de la formule banale, l'exception qui confirme la règle.

Le caractère exceptionnel du droit de recours et partant l'obligation pour le juge, d'interpréter restrictivement le texte qui l'édicte, résultent non moins formellement des travaux préparatoires que des termes mêmes de la loi.

« Le projet du gouvernement, déclare M. Vatimesnil dans son rapport, porte que les décisions du bureau ne sont susceptibles d'aucun recours. *Nous donnons notre adhésion à cette disposition, mais nous croyons qu'il convient de la limiter par une exception.* Cette exception consiste à investir le procureur général du droit de déférer au bureau établi près de la cour, une décision prise par un bureau établi près d'un tribunal inférieur ». (Loi du 22 janvier 1851, Dalloz, 1851, 4, p. 3, colonne 1).

La jurisprudence se prononce généralement en notre faveur. Un jugement du tribunal de Bellac du 30 août 1860 (Dalloz, 1861, III, 8) qui emprunte une certaine autorité à l'approbation unanime des arrêtistes (*Pandectes françaises, Répertoire Assistance judiciaire,* n° 159. Dalloz, code de procédure civile, annoté appendice, p. 1321, Loi du 22 janvier 1851, article 12, n° 4), consacre formellement notre thèse dans les termes suivants :

« Considérant au surplus que le *refus ou la dation de l'assistance judiciaire rentre dans les attributions exclusives* du bureau préposé à l'examen de la demande et *que, suivant l'article 12 de la loi, ses décisions ne sont susceptibles d'aucun recours,* que *le procureur général seul est admis à les faire reviser,* s'il s'y croit fondé, par le bureau supérieur établi près de la Cour d'appel sans retard de l'instruction ni du jugement, que l'assistance judiciaire ayant été accordée à X..., par décision du bureau de Bellac, sans recours de la part du procureur général, c'est là un fait accompli qui a dû produire ses effets ».

Dans l'espèce c'était la légalité de la décision du bureau qui était contestée à la barre, motif pris de ce qu'au mépris des termes limitatifs de la loi, l'assistance aurait été accordée à tort pour des actes d'exécution.

Si la décision du bureau eût été incriminée au cours des débats, du chef, non plus de son illégalité prétendue, mais du défaut d'indigence réelle de l'assisté, l'interdiction d'examiner ce dernier point fût résultée pour le tribunal non plus de l'article 12, mais de l'article 22 qui donne compétence au bureau qui a accordé l'assistance pour toute contestation soulevée de ce chef soit par l'adversaire de l'assisté, soit par le ministère public (*Infrà*, n° 10 *bis*).

Nous pouvons encore invoquer en notre faveur deux jugements du tribunal de la Seine en date des 26 novembre 1861 et 29 août 1877 cités dans le *Répertoire des Pandectes françaises* (Assistance judiciaire, n° 397) aux termes desquels « *les tribunaux ne peuvent pas plus statuer sur la demande que sur le retrait de l'assistance* ».

Notre impartialité systématique et absolue ne nous permet pas de passer sous silence un arrêt de la Cour de Lyon du 5 juin 1856 (Sirey,

1858. II. 118) qui se reconnaît compétente pour contrôler l'indigence de l'assisté ; voici en quels termes :

« Sur les conclusions relatives au retrait d'assistance. — Attendu qu'à la vérité les consorts X... paraissent avoir dissimulé au bureau d'assistance judiciaire .... mais que... leur état de pauvreté relative n'étant pas contestée, cette dissimulation ne semble pas suffisante pour entrainer le retrait de l'assistance judiciaire — par ces motifs dit n'y avoir lieu de retirer le bénéfice de l'assistance judiciaire aux consorts X... »

On ne saurait reconnaître à cet arrêt aucune espèce d'autorité en présence des termes formels de l'article 22 qu'il viole manifestement ; il y a de la part de ses rédacteurs, inadvertance pure et simple, et la preuve, c'est qu'ils ne motivent même pas leur décision sur la question de compétence, tant ils s'imaginent que c'est là un point de droit absolument évident et au-dessus de toute controverse. Ils ont vu dans l'article 21 que « le bénéfice de l'assistance judiciaire peut être retiré en tout état de cause », pour défaut d'indigence réelle de l'assisté, d'où ils ont conclu avec raison qu'on pouvait légalement soulever pour la première fois une contestation de ce chef au cours d'une instance d'appel, mais ils n'ont pas remarqué à quelle juridiction spéciale la loi réservait exclusivement la connaissance du litige et ils ont mal à propos appliqué le principe que le juge de l'action est le juge de l'exception, aussi leur décision est-elle justement critiquée en doctrine (Simon. *Traité théorique et pratique de l'assistance judiciaire*, p. 239).

Ne confondons pas la question que nous étudions, celle de savoir si l'autorité judiciaire est compétente pour contrôler la décision du bureau, avec une autre question bien différente, celle de savoir si le tribunal civil est compétent pour interpréter cette même décision, pour examiner si l'assisté se trouve bien dans le cas en vue duquel l'assistance lui a été accordée et pour en sanctionner l'usage abusif.

La négative prévaut généralement en jurisprudence, quoique ce soit encore là un point de droit controversé (Simon, *op. cit.* page 159) mais comme il est absolument étranger à la situation de l'intéressé dans l'affaire actuelle, son examen sortirait du cadre de notre étude.

Quant à la doctrine, elle est unanime à s'en tenir avec nous à l'interprétation littérale de l'article 12, en n'admettant d'autre restriction à la souveraineté des décisions du bureau proclamée formellement par la loi que celle qui y est inscrite en toutes lettres (Simon, *op. cit.* pages 124, 125 et 239. Régis Coste, code pratique de l'assistance judiciaire, 2e édition, page 83, n° 89).

Le ministre avait d'autant moins d'intérêt à méconnaître sur ce point les dispositions de la loi qu'à raison de sa situation hiérarchique il bénéficiait d'un véritable privilège relativement à l'application du texte précité. Il pouvait en effet donner l'ordre au procureur général de saisir de ses prétentions le bureau établi près de la Cour, alors que pour un simple particulier l'exercice du droit d'appel est soumis au bon vouloir de ce haut magistrat.

8. — En suivant la voie légale, ou du moins celle que nous estimons telle, le ministre pouvait arriver facilement à faire trancher le fond du droit par la Cour suprême ; la jurisprudence aurait certainement admis la recevabilité d'un pourvoi formé dans l'intérêt de la loi contre la décision du bureau établi près de la Cour d'appel ; sans doute les articles 80 et 88 de la loi du 27 ventôse an 8, qui réglementent la matière, ne parlent que des jugements, mais la Cour suprême n'ayant pas hésité à leur assimiler sous ce rapport les sentences des conseils de discipline de l'ordre des avocats (Cassation, 18 octobre 1896. Dalloz 97. **1.** 155), les décisions des bureaux d'assistance judiciaire semblent appelées à bénéficier de la même analogie.

Tel serait, paraît-il, sur ce point, le système professé par la chancellerie elle-même (Simon. *Traité théorique et pratique de l'assistance judiciaire*, page 126).

9. — Pour en revenir à l'analyse du jugement qui nous occupe, voyons sur quel motif se base le tribunal de Nice pour écarter l'application de l'article 12 de la loi du 10 juillet 1901.

Sur cette distinction que la souveraineté des décisions du bureau s'impose aux parties, mais non aux juridictions de jugement.

Nous nous permettrons sur le libre terrain de la discussion juridique d'adresser à cette distinction une triple critique.

Elle nous semble tout d'abord absolument arbitraire, étant donné qu'il n'en est pas question dans le texte de la loi.

Elle nous paraît ensuite peu rationnelle et peu logique. On conçoit qu'il soit des moyens dont, à raison de ce qu'ils n'intéressent pas l'ordre public, les tribunaux ne puissent connaître d'office, mais seulement sur les conclusions des parties ; il nous semble absolument inadmissible au contraire, de prétendre interdire à ces dernières de se prévaloir de moyens qui, par leur haute gravité, appellent d'office l'examen des magistrats ; c'est *a fortiori*, nous semble-t-il, qu'en pareil cas le droit d'invoquer une nullité appartient aux intéressés.

Cette interdiction est enfin matériellement impossible à respecter en pratique ; comment empêcherez-vous les parties de rappeler au juge ses pouvoirs d'office, de lui signaler, oralement au besoin, les nullités qu'il leur est soi-disant interdit d'invoquer. La situation sera singulièrement la même que si les plaideurs s'en fussent prévalus dans leurs conclusions, étant donné qu'ils ne peuvent que proposer leurs moyens au tribunal, mais jamais les lui imposer.

10. — Cette nouvelle interprétation a encore un dernier inconvénient; c'est de méconnaître l'esprit de la loi non moins que son texte; le législateur n'a eu d'autre but dans l'article 12, que de tarir dans leur source des contestations étrangères au fond du droit et de nature à éterniser les procès. Voilà pourquoi il a cru devoir donner aux décisions des bureaux d'assistance la stabilité du droit acquis. Désormais, cette sécurité n'existe plus, le tribunal le proclame en termes formels, ce n'est plus seulement *in limine litis*, c'est encore en appel et en cassation que la légalité de la décision du bureau pourra être contestée pour la première fois ; ce système est de nature à engendrer les plus désastreuses conséquences ; cette annulation judiciaire de la décision du bureau aura un caractère de rétroactivité encore plus absolu que le retrait d'assistance légalement effectué conformément aux articles 21 et suivants (Simon, *Traité théorique et pratique de l'assistance judiciaire*, pages 244 et suiv.) et qui aura pour effet de rendre exigibles non seulement les droits de timbre et d'enregistrement, mais encore les amendes fiscales. Il est censé n'y avoir jamais eu de dispense même provisoire de l'impôt. Quelle redoutable éventualité pour les plaideurs! Quelle épée de Damoclès suspendue sur leur tête! Quel piège tendu à leur bonne foi! Quelle déloyauté de la part du législateur !!

10 *bis*. —Nous avons toujours considéré la controverse comme le plus sûr élément de formation de la science du droit; aussi nous félicitons-nous de ce que le système que nous venons de défendre ait déjà subi par avance et dans cette même revue l'épreuve salutaire de la contradiction ; nous saisissons donc avec empressement l'occasion qui nous est ainsi offerte d'apporter de nouveaux arguments à l'appui de notre thèse. Fidèle à notre méthode invariable, nous allons commencer par citer notre adversaire avant de le réfuter, voici en quels termes il adopte la solution du Tribunal :

« Cette jurisprudence doit être approuvée. L'ancien article 12 de la loi de 1851 décidait déjà que les décisions du bureau d'assistance judiciaire n'étaient susceptibles d'aucun recours, mais en ce sens seulement que l'adversaire de l'assisté n'était pas recevable à contester l'indigence, c'est-à-dire le bien fondé de la décision accordant l'assistance, mais il pouvait en contester la légalité. Incontestablement du reste, c'est là un droit qui appartient aux tribunaux puisque comme le dit fort bien le jugement, ceux-ci ont le droit et le devoir de n'admettre que des décisions légales. » (*Lois nouvelles*, 1902. 4, p. 76.)

L'arrêtiste, tout en prétendant approuver l'interprétation du Tribunal, semble ne pas s'apercevoir qu'il substitue à l'opinion des magistrats, un nouveau système qui lui est personnel, mais que nous n'approuvons pas davantage ; aux termes de la jurisprudence que nous critiquons, les décisions du bureau ne s'imposent définitivement qu'aux parties, qui sont irrecevables à en contester le bien fondé au cours du procès, mais non aux Tribunaux qui doivent les contrôler d'office ; d'après notre adversaire, leur souveraineté ne s'impose plus toujours aux parties, mais en tant seulement qu'elles constatent l'indigence ; quant à leur légalité l'adversaire de l'assisté peut toujours la discuter à la barre.

Outré son parfait arbitraire, ce système a le très grave inconvénient de taxer d'inutilité une disposition de la loi, en lui ôtant toute portée pratique, moyen d'interprétation héroïque auquel on ne doit recourir qu'à la dernière extrémité. Si l'article 12 en effet ne défend de discuter à la barre les décisions du bureau, qu'en tant qu'elles constatent l'indigence, ses dispositions sont absolument inutiles, en présence des art. 21 et 22 qui formulent déjà sous ce rapport une interdiction très claire quoique implicite, en invitant les plaideurs à porter de ce chef leurs réclamations devant le bureau qui a accordé l'assistance, seule juridiction compétente pour apprécier la situation pécuniaire de l'assisté. Voici du reste le texte de ces articles :

Article 21. — Le bénéfice de l'assistance judiciaire peut être retiré en tout état de cause même après la fin des instances et procédures pour lesquelles elle a été accordée :

1° S'il survient à l'assisté des ressources reconnues suffisantes ;

2° S'il a surpris la décision du bureau par une déclaration frauduleuse.

Article 22. — « Le retrait de l'assistance peut être demandée soit par le ministère public soit par la partie adverse.

Il peut aussi être prononcé d'office par le bureau.

Dans tous les cas il est motivé. »

Le législateur aurait pu exprimer sa pensée sous une forme plus nette et surtout plus correcte, mais en disant dans le paragraphe 2 que le retrait « peut aussi être prononcé d'office par le bureau », il nous donne à entendre d'une manière suffisamment claire que c'est à lui que doivent être adressées les demandes formées à cet effet soit par le ministère public soit par la partie adverse et dont il est question au paragraphe précédent. Aucun doute n'est possible et tous les commentateurs sont d'accord sur ce point (Simon, *traité théorique et pratique de l'assistance judiciaire*, page 239 ; Régis Coste, code pratique de l'assistance judiciaire, 2e édition, page 130, n° 147).

C'est là du reste une disposition éminemment rationnelle, qui ne blesse en rien le principe de l'autorité de la chose jugée, tel même qu'on l'applique aux décisions judiciaires ; un jugement qui règle une situation essentiellement provisoire, en statuant par exemple sur une demande de pension alimentaire, ne doit avoir lui-même que des effets provisoires, subordonnés à la continuation de l'état de fait qui l'a motivé.

L'article 22 doit, remarquons-le en passant, se combiner avec l'article 12, car s'il ne restreint pas les droits du ministère public en matière d'appel, il en complique un peu l'exercice dans le cas qu'il prévoit. Tandis qu'en effet le Procureur général peut appeler *de plano* de la décision du bureau, motif pris de ce que l'assistance judiciaire aurait été accordée à tort, soit hors des cas prévus par la loi, soit en vue d'un procès n'ayant aucune chance de succès, ce haut magistrat doit au contraire quand il fait grief à l'assisté de son défaut d'indigence réelle, commencer par solliciter le retrait de l'assistance du bureau qui l'a primitivement accordée ; ce n'est que tout autant que la première décision a été préalablement confirmée par une seconde, qu'il peut se pourvoir contre cette dernière près du bureau de la Cour (Simon, *op. cit.*, page 243).

Notre contradicteur admet donc contre les décisions du bureau deux voies de recours, indépendamment du reste de celle qui est édictée par les articles 21 et 22, et dont il ne tient aucun compte puisqu'il pose en principe « que l'adversaire de l'assisté n'est pas admis à contester l'indigence ». Ces deux voies de recours sont, en premier lieu, la seule que nous admettions avec lui, l'appel interjeté par le Procureur général auprès du bureau de la cour, et en second lieu, les contestations qui peuvent être soulevées à la barre du chef de l'illégalité prétendue de la décision du bureau. La coexistence de ces deux voies de recours engendrerait des conséquences en contradiction avec les principes les plus élémentaires du droit. Supposons que l'adversaire de l'assisté après avoir vainement contesté à la barre le bien fondé de la décision du bureau ait succombé sur ce chef et que le Procureur général vienne ensuite à user des prérogatives que lui confère l'article 12. Voilà le bureau près de la Cour juge d'appel de la décision d'un tribunal de première instance, résultat d'autant plus anormal que le ministère public ne jouit pas du droit d'appel dans les affaires où il ne figure que comme partie jointe (Dalloz. *Répertoire*, *supplément*, *ministère public*, n° 71. Bonfils, *traité élémentaire de procédure*, 1re édition, n° 564, page 293), ce qui est ici le cas, les causes d'assistance lui étant communicables en vertu de l'article 15 de la loi du 10 juillet 1901.

Le Procureur général reculerait peut-être devant de telles complications, mais le conflit est susceptible de surgir indépendamment de sa volonté : on peut supposer que la contestation soit soulevée à la barre au moment où le bureau d'appel est déjà saisi — le recours du procureur général n'ayant aucun effet suspensif sur la marche du procès — et que le tribunal et le bureau près de la cour soient ainsi amenés à rendre en même temps et à leur insu deux décisions contradictoires sur le même objet. Inutile de multiplier les hypothèses qui peuvent devenir encore plus compliquées, par exemple si l'adversaire de l'assisté interjette appel de son côté du jugement qui l'a débouté. En voilà assez pour condamner irrémissiblement un système qui engendre une pareille anarchie judiciaire.

Ce qui nous révolte absolument chez nos adversaires, c'est leur prétention d'accentuer encore l'inique infériorité de la condition légale de l'assisté vis-à-vis de son antagoniste, en multipliant les voies de recours contre les décisions du bureau lorsqu'elles sont favorables à l'indigent, alors que ce dernier ne jouit d'aucun droit d'appel au cas où sa demande est écartée.

Sur le terrain de la légalité stricte notre système a au moins l'avantage d'être net et précis ; d'une part il ferme la porte à mille contestations inspirées par l'esprit de chicane, mais d'autre part le contrôle éventuel de la Cour suprême (*suprà* n° 8) constitue une garantie suffisante contre l'arbitraire des bureaux, si jamais ils étaient tentés d'abuser de la souveraineté de leurs décisions pour se mettre au-dessus de la loi, car dans ces conditions c'est la loi qui a le dernier mot par la bouche de ses interprètes les plus autorisés.

Nos adversaires se bornent à des affirmations sans preuve, ils n'invoquent d'autre autorité que la leur, aussi n'est-il pas étonnant que n'écoutant que leurs inspirations personnelles, ils n'aient pu se mettre d'accord sur la portée des exceptions qu'ils introduisent arbitrairement dans le texte de la loi, témoin la divergence de vue que nous avons signalée de ce chef entre le Tribunal et son arrêtiste.

CHAPITRE II

De la compétence judiciaire en matière de déclaration de nationalité

11. — Cette question se pose à propos d'un nouvel argument qu'invoque le tribunal à l'appui de la thèse ministérielle, argument qui a paru à la cour tellement péremptoire, qu'elle a cru devoir en faire l'unique motif de son arrêt, négligeant même de répondre aux critiques que, dans sa requête d'appel, la demanderesse avait formulées contre le jugement entrepris pour violation de l'article 12 de la loi du 10 juillet 1901.

Du moment où, comme dans l'espèce, la juridiction civile se reconnaissait compétente pour apprécier la légalité d'une décision du bureau d'assistance judiciaire, il nous semble qu'elle devait par là même se reconnaître compétente pour connaître de la régularité de la déclaration contestée, cette déclaration n'étant taxée elle-même d'illégalité qu'à raison de l'illégalité prétendue de la décision du bureau d'assistance qui lui avait accordé le bénéfice de la loi nouvelle, les deux questions paraissaient donc se confondre de la manière la plus complète. La jurisprudence en a décidé autrement, et les prétentions de la demanderesse, déjà écartées en première instance du chef de l'article 12 de la loi du 10 juillet 1901, sont venues se heurter pour le surplus, quand il s'est agi de la légalité de la déclaration, à une fin de non recevoir tirée de ce qu'elle n'aurait plus été dans le cas prévu par l'article 9 du Code civil, aux termes duquel le ministre statuerait souverainement sur la régularité des pièces, les tribunaux civils n'étant plus juges que du fond du droit.

« Attendu déclare le tribunal, que le ministre de la justice n'a pas refusé l'enregistrement de la déclaration de nationalité française faite par la dame Maccario parce que celle-ci ne serait pas dans les conditions voulues par la loi, qu'il a simplement refusé de l'examiner parce que cette déclaration et les pièces à l'appui ne seraient pas timbrées, que la dame Maccario ne se trouve pas dans la situation prévue par l'article 9 pour se pourvoir devant le tribunal ».

La cour se montre plus explicite encore dans le même sens.

« Considérant, porte l'arrêt, que le recours devant la juridiction civile contre les décisions du ministre de la justice, institué par l'article 9 du Code civil, a un caractère exceptionnel ; qu'il doit par suite être limité au cas prévu par ce texte où l'enregistrement serait refusé parce que le déclarant n'est pas dans les conditions voulues par la loi.

Considérant que tel n'est pas le motif sur lequel s'est fondé le ministre de la justice pour écarter la déclaration de nationalité de la dame Maccario, qu'il s'est borné à refuser d'examiner cette déclaration parce qu'elle ne lui avait pas été soumise suivant les formes réglementaires : que dans ce cas aucun texte n'autorise un recours devant la juridiction civile ».

12. — Le tribunal et la cour distinguent, on le voit, entre le fond et la forme des déclarations.

Aux termes de leur décision, la juridiction civile ne peut connaître que du fond du droit, tout ce qui touche à la forme des déclarations rentre dans la compétence exclusive du ministre qui jouit à cet égard d'un pouvoir d'appréciation absolument discrétionnaire.

Cette distinction nous semble aussi arbitraire que celle dont s'est inspirée le tribunal pour interpréter l'article 12, elle ne peut se recommander ni du texte de la loi, ni des travaux préparatoires, ni même de l'autorité — si mince soit-elle — des circulaires ministérielles.

Commençons,pour nous en convaincre,par analyser les textes qui ont pu conférer quelque pouvoir à l'autorité administrative sur la forme des déclarations.

Le premier que nous rencontrions, c'est l'article 5 de la loi du 26 juin 1889 ainsi conçu :

« Pour l'exécution de la présente loi un règlement d'administration publique déterminera... 2° les formalités à remplir et les justifications à faire relativement à la naturalisation ordinaire et à la naturalisation de faveur dans les cas prévus par les articles 9 et 10 du code civil, ainsi qu'à la renonciation à la qualité de français dans les cas prévus par les article 8 paragraphe 4, 12 et 18 ».

L'administration était donc armée par ce texte d'un véritable pouvoir législatif, quant à la réglementation de la forme des déclarations.

Ce pouvoir, elle l'a épuisé en même temps qu'exercé, en édictant le décret réglementaire du 13 août 1889.

Ce décret participe de la force législative,dans la mesure où le législateur l'en a investi par avance, en délimitant les matières qu'il était appelé à régir, c'est-à-dire relativement aux questions de forme, car il ne peut, sans sortir de la sphère légitime de ses attributions, toucher au fond du droit ; de ce chef ses dispositions seraient entachées d'une illégalité, que les tribunaux civils ne devraient pas hésiter à sanctionner en se refusant à les appliquer. C'est du reste ce qu'ils n'ont pas manqué de faire à l'occasion (1).

1. — L'article 8 paragraphe 2 du décret réglementaire du 13 août 1889 porte que « la déclaration enregistrée prend date du jour de sa réception par le juge de paix ». D'après ce texte l'enregistrement affectait les déclarations de nationalité d'une véritable condition suspensive (Lesueur et Dreyfus, *Nationalité*, page 119). La cour de cassation dans l'arrêt Bésème (*D.* 1892. 1. 40) n'y vit

La juridiction civile, en effet, nul ne l'a jamais contesté, a le droit et le devoir de contrôler la légalité d'un décret réglementaire, comme en général du reste de tout acte administratif dont elle est chargée d'appliquer les dispositions, et de lui refuser toute sanction dans la mesure où le pouvoir exécutif a excédé les limites de ses attributions légales (Dalloz, *Répertoire, supplément, lois*, nº 29. Quant au droit de contrôle qui appartient aux tribunaux sur la légalité du décret réglementaire du 13 août 1889, voir Weiss, *Nationalité*, page 172).

13. — Pour en revenir à notre sujet nous reconnaissons volontiers, que l'article 6 paragraphe 3 du décret réglementaire du 13 août 1889, aux termes duquel les déclarations « sont dressées en double exemplaire sur papier timbré » a force de loi à raison de ce qu'il est exclusivement relatif à la forme des déclarations. Mais si l'article 6 paragraphe 3 du décret réglementaire est un véritable texte de loi, ce n'est pas en tout cas un texte de loi constitutionnelle, que n'ait pu modifier une disposition législative postérieure ; dans ces conditions le pouvoir judiciaire avait, nous semble-t-il, toute liberté d'interprétation, pour se demander si l'article 1er de la loi du 10 juillet 1901 avait ou non dérogé, quant à l'exigence du timbre, aux dispositions susmentionnées du décret réglementaire.

Cette question est éminemment du ressort des tribunaux civils, d'autant plus qu'il s'agit de savoir s'il y a eu ou non contravention à la loi sur le timbre, ce qui rentre dans leur compétence exclusive aux termes de l'article 32 de la loi du 13 brumaire an VII.

Il serait puéril d'objecter que le décret réglementaire est un acte administratif, dont à ce titre les tribunaux civils ne peuvent connaître ; ce décret n'a d'administratif que la forme ; au fond c'est un pur texte de droit civil, étant le complément d'une loi qui se rattache exclusivement à cette branche du droit et avec laquelle il fait corps.

14. — Nous estimons que non seulement la cour a faussement appliqué le décret, mais encore qu'elle l'a appliqué hors de sa sphère de réglementation à une matière qui lui était totalement étrangère.

Elle n'a pas remarqué que la question de savoir si la dispense du timbre était légale ou non se posait et quant aux deux exemplaires de la déclaration et quant aux actes de l'état civil produits à titre de pièces justificatives, et que dans chacun de ces deux cas la solution

---

au contraire qu'une simple formalité dénuée de toute sanction légale, aussi le ministre s'empressa-t-il de s'adresser au parlement pour réparer la brèche que venait de pratiquer la jurisprudence dans son œuvre réglementaire, et c'est dans ces conditions que fut édictée cette disposition de l'article 9 paragraphe 1 aux termes de laquelle les déclarations de nationalité doivent à peine de nullité être enregistrées au ministère de la justice.

résultant de textes distincts n'était pas nécessairement la même. Le décret réglementaire n'exige le timbre que pour les deux exemplaires de la déclaration, il ne prescrit nulle part son emploi pour les pièces justificatives ; à propos des actes de l'état civil produits à ce titre, la dépêche ministérielle précitée (*suprà*, n° 1) n'invoque que les dispositions de droit commun en matière fiscale, exclusivement applicables à l'espèce ; ces dispositions sont formulées quant aux actes reçus à l'étranger par l'article 13 de la loi du 13 brumaire an VII, et pour les actes reçus en France par l'article 17 de la loi du 2 juillet 1862, modifié par l'article 1er de la loi du 23 août 1871, la première de ces dispositions législatives ayant remplacé l'article 63 de la loi du 28 avril 1816 qui s'était lui-même substitué à l'article 19 de la loi du 13 brumaire an VII.

15. — Pour en revenir à la critique que nous adressions à l'arrêt d'avoir arbitrairement étendu la sphère d'application du décret, la preuve en est dans la formule beaucoup trop générale qu'emploie la cour quand elle déclare en termes absolus que le ministre aurait rejeté la déclaration « parce qu'elle ne lui aurait pas été soumise suivant les formes réglementaires ». C'est absolument méconnaître la distinction que formule le ministre lui-même (*suprà*, n° 1) du chef de la perception de l'impôt du timbre entre les originaux de la déclaration d'une part et les pièces justificatives d'autre part ; il est donc absolument inexact, nous venons de le démontrer, qu'en tant du moins qu'il était motivé par le défaut de timbre sur les pièces justificatives, le rejet de la déclaration fût basé sur l'inobservation « *des formes réglementaires* », il l'était purement et simplement sur la prétendue violation du droit commun en matière fiscale, le texte qui édicte « les formes réglementaires » ne visant encore une fois que les originaux de la déclaration, et restant absolument étranger à la forme des pièces justificatives qui constituaient l'enjeu principal du débat.

En admettant même — et nous le contestons — que la cour se fût déclarée incompétente à bon droit pour connaître des dispositions réglementaires du décret, elle n'en avait pas moins qualité pour trancher la question de la légalité de l'emploi du papier libre sinon pour les deux exemplaires de la déclaration, à raison de ce que le cas était expressément visé par le texte précité, tout au moins pour les pièces justificatives, question qui encore une fois était restée en dehors des prévisions du décret, qui ne relevait plus dès lors que du droit commun, et que dans ces conditions aucun texte exceptionnel ou soi-disant tel ne venait plus soustraire à la compétence normale de la juridiction civile (*suprà*, n° 13). Nul doute, remarquons-le en passant, que si la cour se fût bornée à condamner l'emploi du papier libre pour les deux exemplaires de la déclaration tout en l'autorisant pour les pièces justificatives, la demanderesse ne se fût tenue pour pleinement satisfaite; le litige ne présentait réellement d'importance pratique que sur le second point ; c'eût été en effet le comble de l'esprit de chicane que de soulever un pareil débat pour économiser la modeste somme de un franc vingt centimes (2).

16.—Pour en revenir à notre sujet,l'article 5 de la loi du 26 juin 1889 confie donc à l'administration une véritable mission législative, mais essentiellement relative et temporaire, épuisée comme nous le disions en même temps qu'exercée (*suprà*, n° 12), par la promulgation du décret du 13 août 1889; mais la qualité provisoire de législateur n'implique nullement le rôle permanent de juge, bien au contraire, car ce sont là deux fonctions qui semblent en principe s'exclure d'une manière absolue. Rien au surplus dans les termes du décret réglementaire n'autorise à croire qu'il ait entendu conférer au ministre — ce qu'il n'eût pu faire qu'illégalement du reste — aucun pouvoir d'appréciation discrétionnaire relativement à la légalité des déclarations pas plus quant à la forme que quant au fond ; sur ce point le garde des sceaux est le premier à reconnaître, et sans aucune restriction, la compétence souveraine et absolue des tribunaux, et cela au lendemain même de la promulgation du décret.

« Dans le cas où une déclaration ne me paraîtrait pas légalement souscrite, porte la circulaire du 23 août 1889 (voir le texte dans Lesueur et Dreyfus,

2. — Les exigences fiscales de la chancellerie pour les actes de l'état civil imposent aux intéressés de plus lourds sacrifices ; quant aux actes reçus en France, la délivrance des extraits doit satisfaire aux droits de timbre (Voir les textes législatifs en la matière, *supra*, n° 14), d'expédition (articles 1,2 et 3 du décret du 12 juillet 1807) et de légalisation (article I, 10° du décret du 24 mai 1854 et article 3 de la loi du 2 mai 1861). Tous frais compris, le coût d'un extrait d'acte de naissance et de décès est de 2,35, 2,55 ou 2,80, celui d'un acte de mariage de 2,65, 3,05 ou 3,55, suivant que la pièce est délivrée dans une commune au-dessous ou au-dessus de 50.000 âmes ou bien à Paris.

Quant aux actes reçus à l'étranger, leur production est infiniment plus onéreuse ; les originaux doivent être revêtus du timbre mobile à 1,80 et accompagnés de leur traduction sur papier timbré également à 1,80 ; restent encore les honoraires du traducteur soumis aux fluctuations d'un tarif essentiellement personnel.

Pour peu que la famille du candidat soit nombreuse, le coût d'une déclaration atteint facilement 30 ou 40 francs, ne s'élèverait-il comme dans l'espèce du litige qu'à une vingtaine de francs environ, c'en serait encore assez pour justifier le bénéfice de l'assistance judiciaire dans l'esprit d'une loi qui l'accorde pour les instances devant le juge de paix qui ne sont souvent pas plus onéreuses. Pour un manœuvre, père de cinq ou six enfants, ne gagnant que 3 ou 4 francs par jour et exposé en outre à de fréquents chômages — telle est dans nos pays la condition de la majorité des ouvriers — il est absolument impossible d'économiser le montant de pareils frais qui doivent évidemment sembler fort légers à des fonctionnaires appointés comme le sont les chefs de bureau au ministère de la justice.

De la nationalité, annexes, page 281), l'intéressé en sera avisé et pourra, s'il le juge à propos, faire trancher la question par les tribunaux juges souverains en matière de nationalité ».

Il est donc de toute évidence aux termes mêmes de l'interprétation de la chancellerie que, d'une part, l'article 5 de la loi du 26 juin 1889 n'a pas voulu, que, d'autre part, le décret réglementaire du 13 août suivant n'a ni pu ni voulu déroger aux principes du droit commun formulés par l'article 326 du Code civil aux termes duquel « les tribunaux civils sont seuls compétents pour statuer sur les réclamations d'État ».

17. — Le nouvel article 9, paragraphe 2, du Code civil l'a-t-il voulu ? pas davantage, croyons-nous.

Sans doute le texte précité investit le ministre d'un certain contrôle sur la légalité des déclarations, qui semble aussi étendu que possible puisqu'il s'exerce sur le fond comme sur la forme ; mais gardons-nous d'en exagérer l'importance ; remarquons, en effet, qu'il est soumis et dans la même mesure au contrôle supérieur du tribunal et nous conclurons que dans de telles conditions il est plus apparent que réel. Le ministre n'a dans le débat que voix consultative, ses prérogatives, revendiquées devant le parlement avec tant d'insistance, se réduisent au droit d'émettre un simple avis qui ne lie jamais les magistrats ; sa décision n'est même pas susceptible de passer en force de chose jugée et c'est là un point capital sur lequel nous aurons à revenir (*infrà*, n° 28); elle a beau être motivée, elle ne préjudicie pas plus au fond du droit qu'un jugement d'incompétence par lequel un tribunal administratif se dessaisit d'une question d'état ; en réalité cette prétendue compétence du ministre n'est qu'une forme déguisée d'incompétence et ne constitue de ce chef qu'une nouvelle affirmation des principes du droit commun (3).

---

3. — L'article 9 paragraphe 1 a beau prescrire l'enregistrement à peine de nullité ; c'est là, en cas de refus pour illégalité, une sanction plus apparente que réelle, et l'article 9, paragraphe 7, est venu singulièrement restreindre la portée pratique du texte précité.

L'innovation eût été vraiment efficace si l'enregistrement eût affecté la déclaration d'une véritable condition suspensive ; car en attendant le contrôle de la chancellerie, le *de cujus* se fût trouvé dans l'impossibilité de se prévaloir d'un droit qui n'était peut-être qu'apparent, et en cas de refus d'enregistrement il eût été de son intérêt de saisir les tribunaux dans le plus bref délai, à peine de se voir indéfiniment privé des avantages de sa déclaration.

Malheureusement, ainsi que les travaux préparatoires en font foi (D. 1893.4.110, colonne 2), le législateur voulut accorder à l'individu certaines garanties qui vinssent compenser dans une certaine mesure l'extension des pouvoirs conférés à l'administration, et il arriva, dans notre cas tout au moins, à rendre ces derniers presque illusoires en édictant l'article 9, paragraphe 7, aux termes duquel « la déclaration produira ses effets du jour où elle aura été souscrite, sauf l'annulation qui pourra résulter du refus d'enregistrement ».

Cette annulation constitue donc non pas la défaillance d'une condition sus-

La loi ne réserve à l'appréciation exclusive et discrétionnaire de l'administration que le mérite intrinsèque du candidat qui aux termes

---

pensive qui eût empêché le droit contesté de prendre naissance, mais au contraire l'échéance d'une condition résolutoire qui, en attendant sa réalisation, laisse à l'intéressé le libre exercice de tous les droits qu'il tient de sa déclaration à partir du jour où il l'a souscrite.

Les travaux préparatoires sont formels sur ce point (Voir le passage précité) qui n'a jamais fait doute du reste ni en doctrine ni en jurisprudence (Campistron, *Commentaire pratique des lois du 26 juin 1889 et 22 juillet 1893*, page 61; Rouard de Card, *La nationalité*, page 157; Gérardin, *De l'acquisition de la qualité de français par voie de déclaration*, p. 190. Raymond Hubert, *De la nationalité provisoire et du droit électoral*, *Gazette des tribunaux* du 5 août 1897). Quant à l'effet provisoire des déclarations de nationalité en tant qu'il paralyse entre les mains de l'administration le droit d'expulsion, voir arrêt Sordello, Aix, 25 avril 1895. D. 1896.2.336 ; en tant qu'il confère à l'intéressé la jouissance des droits électoraux, jugement du juge de paix du canton est de Nice du 23 février 1897, *Gazette des tribunaux*, 5 août 1897.

Comme la déclaration ne peut être annulée que par décision du tribunal, comme à peine de forclusion aucun délai n'est imparti à l'intéressé pour agir en justice, ce dernier peut tarder indéfiniment à le faire et il n'en bénéficie pas moins, en attendant, de tous les avantages attachés à sa déclaration en dépit d'un refus d'enregistrement dont la portée devient ainsi presque nominale.

La circulaire ministérielle du 28 août 1893 s'est bien préoccupée de remédier à ces inconvénients (Voir *Lois nouvelles*, 1894, 1re partie, page 36), car après avoir rappelé le texte de l'article 9, paragraphe 7 elle ajoute :

« En conséquence le juge de paix devra remettre au comparant au moment où il recevra sa déclaration un récépissé constatant l'accomplissement de cette formalité. Il convient, toutefois, de se préoccuper des usages abusifs qui pourraient être faits de ce récépissé et de les prévenir. Dans ce but on y énoncera expressément qu'il est valable pour deux mois seulement et qu'à l'expiration de ce délai il sera considéré comme nul et non avenu et que la preuve de la déclaration ne pourra résulter que de l'acte lui-même revêtu de la formalité de l'enregistrement ».

Le ministre prétend prévenir l'usage abusif du certificat constatant la date de la déclaration, en réalité il ne s'arroge rien moins que le droit de prévenir l'usage soi-disant abusif qui peut être fait de la loi elle-même ; il prend, avec l'article 9, paragraphe 7, les mêmes libertés qu'avec l'article 1er de la loi du 18 juillet 1901 (Voir dépêche précitée du 17 mars 1902, *suprà*, nos 1 et 4), il refait la loi pour la mettre en harmonie avec les nécessités de la pratique.

Y a-t-il, en l'état de notre législation, un remède moins arbitraire et plus légal à cette situation ?

Le seul que nous connaissions ce serait l'intervention du ministère public, qui assignerait l'intéressé devant le tribunal civil à l'effet de voir statuer sur le sort de sa déclaration, mais quelque rationnel que soit ce procédé, la légalité en est douteuse.

L'interprétation de l'article 46 de la loi du 20 avril 1810 soulève, en effet, tant en jurisprudence qu'en doctrine, les plus vives controverses sur le point de savoir si, même dans les matières d'ordre public, le ministère public peut agir d'office en l'absence d'un texte formel qui lui en donne le pouvoir (Voir Garsonnet, *Traité théorique et pratique de procédure*, tome Ier, § 196, note 22).

Dans ces conditions, le législateur semble seul compétent pour remédier aux inconvénients pratiques d'une loi peut-être trop libérale. Comment devrait se manifester son intervention pour être vraiment efficace et pratique ?

Y aurait-il lieu d'édicter un délai dans lequel l'intéressé devrait à peine de forclusion saisir le tribunal civil ? Une telle innovation qui, à première vue, semble fort rationnelle, constituerait, si l'on y réfléchit, une véritable révolution juridique, en ce qu'elle ferait du ministre le juge en premier ressort, c'est-à-dire du nouvel article 9, paragraphe 4, du Code civil, quoique réunissant toutes les conditions légales, peut voir écarter ses prétentions à raison de son indignité personnelle.

Pour en revenir à l'arrêt que nous analysons, la Cour semble partir, pour interpréter la loi, de ce principe absolument erroné que le recours à l'autorité judiciaire aurait un caractère exceptionnel. Ce qui revêt, au contraire, à nos yeux, ce caractère exceptionnel, ce qui est de droit étroit, par conséquent, ce n'est pas le recours aux tribunaux civils en matière de question d'état, c'est au contraire l'intervention de l'administration dans ce domaine qui est en principe soustrait à sa compétence.

Et la preuve que ce recours n'a nullement le caractère exceptionnel que lui suppose la Cour d'Aix, c'est qu'avant qu'aucun texte ne l'eût formellement consacré, sa parfaite légitimité n'avait jamais fait doute ni en jurisprudence, ni en doctrine, ni même, nous l'avons vu, aux yeux de l'administration (*suprà*, n° 16). Le principe lui-même semblait au-dessus de toute discussion, la controverse ne portait que sur la procédure à suivre, et c'est le seul point que le législateur se soit proposé de trancher dans le nouvel article 9, paragraphe 2 (4) (voir *infrà*, n° 21).

18. — Mais cette discussion est un peu superflue, il importe peu que le recours à la juridiction civile constitue une dérogation au droit commun ou qu'il n'en soit, au contraire, que l'application pure et sim-

---

éventuellement le juge souverain et définitif d'une question d'état, conséquence que réprouvent les principes généraux du droit.

Le mieux — et le mieux dans les choses humaines n'est jamais que la moindre somme des inconvénients — le mieux ce serait peut-être d'en revenir aux errements du décret réglementaire du 13 août 1889, en rendant à l'enregistrement le caractère suspensif que lui reconnaissait l'article 8, paragraphe 2, du texte précité. Une telle disposition, à raison de la brièveté des délais dans lesquels doit statuer le ministre, n'aurait guère d'inconvénients pratiques, pour l'intéressé, que dans l'hypothèse assez rare, il faut en convenir, d'un refus d'enregistrement suivi de recours à la juridiction civile.

4. — C'est un point de droit des plus controversés que celui de savoir sous quelle forme il convient en l'absence d'un texte formel de saisir les tribunaux des contestations de nationalité, quel est en un mot à ce point de vue la procédure de droit commun (Weiss *Nationalité*, page 693). Avant la promulgation de la loi du 22 juillet 1893 la question se posait justement pour le cas prévu par ce texte, celui où l'enregistrement des déclarations de nationalité était refusé à la chancellerie à raison de leur illégalité prétendue ; la pratique, il faut en convenir, avait résolu le problème dans un sens satisfaisant, et tellement satisfaisant que l'innovation législative n'a peut-être pas constitué un progrès (*infrà*, note 6), on avait appliqué par extension les dispositions de l'article 31 de la loi du 15 juillet 1889 sur le recrutement en considérant le préfet comme le représentant général du gouvernement devant les tribunaux civils. Ce fut dans ces conditions que furent plaidées les affaires Thiry et Besème (D. 1892. 1.40) roulant justement sur la légalité du refus d'enregistrement au ministère de la justice des déclarations de nationalité souscrite par les demandeurs (*suprà*, note 1).

ple ; du moment où nous sommes en présence d'un texte formel qui consacre le contrôle des tribunaux sans distinction ni restriction, et où l'on chercherait en vain le germe de cette prétendue distinction, aux termes de laquelle le contentieux de la déclaration rentrerait quant à la forme dans la compétence exclusive du ministre, tandis que le tribunal verrait sa mission limitée à l'examen du fond.

« L'enregistrement sera refusé, nous déclare l'article 9, paragraphe 2, s'il résulte des pièces produites que le déclarant n'est pas dans les conditions voulues par la loi, sauf à lui à se pourvoir devant les tribunaux civils dans les formes prescrites par les articles 855 et suivants du Code de procédure civile ».

Le recours au tribunal civil est donc ouvert « *si* » aux yeux du ministre « *il résulte des pièces produites que le déclarant n'est pas dans les conditions voulues par la loi* ».

S'il résulte des pièces produites !!! ce sont là des termes absolument caractéristiques, que les pièces soient irrégulières dans la forme ou qu'étant au contraire régulières dans la forme elles ne constituent qu'une preuve insuffisante du droit invoqué, le texte ne distingue pas, dans les deux cas, le déclarant n'est pas dans les conditions voulues par la loi et partant, devient justiciable des tribunaux civils pour faire trancher ce point s'il le conteste.

Pour en revenir à notre espèce, le ministre rejette la déclaration incriminée parce qu'à ses yeux « *il résulte des pièces produites* », à raison de l'irrégularité de leur production sur papier libre, « *que la déclarante n'est pas dans les conditions voulues par la loi* ».

Est-il possible de cadrer plus étroitement avec son texte ?

Dans ces conditions, encore une fois, c'était au tribunal civil qu'il appartenait de décider tout d'abord si le ministre avait compétence pour critiquer une décision du bureau d'assistance au mépris de la souveraineté qu'accorde en principe à cette dernière l'article 12 de la loi du 10 juillet 1901 et à supposer qu'il eût ce droit — droit que le tribunal eût nécessairement partagé — si l'article premier de cette même loi n'avait pas dérogé quant à la nécessité du timbre, pour les deux exemplaires de la déclaration à l'article 6, paragraphe 3, du décret réglementaire et pour les pièces justificatives aux autres dispositions législatives précitées (*suprà* n° 14) qui forment le droit commun en matière fiscale relativement aux actes de l'état civil.

19. — Comment s'expliquer, dans ces conditions, que la Cour après après déclaré d'une part « que le recours devant la juridiction civile doit être limité au cas prévu par le texte où l'enregistrement de la déclaration serait refusé parce que le déclarant ne serait pas dans les conditions voulues par la loi » ajoute immédiatement d'autre part « que tel n'est pas en l'espèce le motif sur lequel s'est fondé le ministre de la justice pour écarter la déclaration de la dame Maccario, qu'il s'est borné en effet à refuser d'examiner cette déclaration parce qu'elle ne lui avait pas été soumise suivant les formes réglementaires ». (Sur ce prétendu refus d'examen voir la note ci-dessous (5) ; quant à l'application des formes réglementaires voir *suprà*, n°s 13 et 14) que dans ce cas aucun texte n'autorise un recours devant le tribunal civil ».

Dans notre système voilà deux propositions absolument contradictoires. Pour les concilier, il faut, avec la Cour, distinguer entre les conditions voulues par la loi et les conditions voulues par le décret autrement dit « *les formes réglementaires* ». Nous croyons avoir mis cette distinction à néant en démontrant (*suprà*, n°s 13 et 14) que la loi et le décret doivent jouir de la même autorité, que le décret fait lui-même partie intégrante de la loi, que dès lors si la loi et le décret se confondent, les conditions voulues par le décret deviennent les conditions voulues par la loi aux termes même de l'article 9 paragraphe 2.

Oui, nous voulons bien le reconnaître avec la Cour, les pouvoirs du tribunal sont limités au cas prévu par l'article 9 paragraphe 2, à la condition de ne pas restreindre arbitrairement la portée de ce texte, et d'étendre son application à tout litige relatif à la légalité de la déclaration. Le recours aux tribunaux est limité au cas prévu par l'ar-

---

5. — Il est absolument inexact, qu'ainsi que l'affirment le jugement et l'arrêt, la chancellerie se soit refusée à examiner la déclaration ni même qu'elle n'ait exercé son contrôle que sur la forme, en sorte qu'elle ait sursis à l'examen du fond jusqu'à ce que l'intéressée se soit mise en règle sur le premier point. La chancellerie a dû au contraire examiner en même temps la déclaration au double point de vue et du fond et de la forme, et l'absence de toute critique sur le fond était sous ce rapport une reconnaissance tacite et définitive des prétentions de l'intéressée, une véritable promesse d'enregistrement si celle-ci faisait droit aux réclamations qui lui étaient adressées. En sériant ses objections, au lieu de les présenter en bloc, la chancellerie se serait exposée à encourir la forclusion édictée par les paragraphes 3 et 6 de l'article 9, aux termes duquel le refus d'enregistrement pour illégalité dûment motivée, doit à peine d'irrecevabilité être notifié à l'intéressé dans les deux mois de la déclaration. Avec le système de la jurisprudence ce dernier aurait, en pareil cas, un moyen facile d'éviter un nouveau refus basé sur de nouveaux motifs tirés cette fois de l'examen du fond du droit ; il n'aurait qu'à attendre pour retourner ses pièces dûment régularisées que deux mois se fussent écoulés depuis le jour de la déclaration; à leur expiration il se trouverait de plein droit à l'abri de toute critique qui ne lui aurait pas été notifiée dans ce délai. Ce serait là un stratagène d'une simplicité enfantine, mais dont le succès serait infaillible.

La chancellerie se garde bien du reste d'adopter sur ce point les errements de la jurisprudence, elle met au contraire un soin scrupuleux à formuler en même temps ses griefs, et quant au fond et quant à la forme : nous n'en voulons d'autre preuve que la dépêche ministérielle en date du 31 mars 1900, *Lois Nouvelles*, 1902. 2. 25, dans laquelle le ministre en même temps qu'il refuse l'enregistrement pour défaut de timbre mobile sur les originaux d'actes de l'état civil reçus à l'étranger, réclame une nouvelle pièce, qu'il juge nécessaire pour établir le bien fondé des prétentions du déclarant.

ticle 9 paragraphe 2, en ce sens non pas comme le veut la Cour qu'ils ne puissent être saisis que de l'examen du fond à l'exclusion de tout contrôle sur la forme, mais qu'ils doivent se préoccuper uniquement de la légalité des prétentions du candidat à l'exclusion de sa moralité, qu'aux termes du nouvel article 9, paragraphe 4 l'administration a seule le droit d'apprécier souverainement.

Le législateur a entendu laisser aux tribunaux, dans toute son étendue, l'ancien domaine de la légalité des déclarations qui leur avait toujours appartenu sans conteste, il n'a entendu les exclure que du nouveau domaine qu'il créait en soumettant au contrôle de la chancellerie le mérite personnel du déclarant; inutile de dire que l'arbitraire administratif s'est donné libre carrière dans la nouvelle voie qui lui était ouverte. (Voir sur ce point Raymond Hubert. *De la participation aux opérations du recrutement et de la nationalité. Journal de droit international privé*, 1902, p. 33).

20. — Voilà donc dans quel sens on peut dire que les tribunaux ont vu leurs pouvoirs restreints! Conservant avec la même étendue tous ceux qui leur appartenaient antérieurement, ils n'ont été exclus que des attributions nouvelles, créées par la loi du 22 juillet 1893 en faveur de l'administration, et qui ont été formellement réservées à cette dernière. Tout en continuant à fonctionner dans la même sphère que par le passé, le contrôle judiciaire se trouve forcément restreint par la création d'une sphère nouvelle qui lui est soustraite, il est donc moins étendu qu'autrefois, en ce sens qu'il ne s'exerce plus sur l'intégralité de la déclaration comme à l'époque où sa légalité seule pouvait être contestée ; les magistrats ont cessé d'être les arbitres souverains du sort de la déclaration, du jour où a pu surgir la question d'indignité qui échappe entièrement à leur compétence.

Pour nous résumer en un mot, le nouvel article 9 a nettement délimité dans ses paragraphes 2 et 4, les attributions respectives des pouvoirs judiciaire d'une part, administratif d'autre part : au premier, le contrôle sinon exclusif, tout au moins souverain de la légalité des déclarations, au second, le contrôle exclusif et souverain de la moralité du candidat.

21. — Loin de vouloir restreindre en quoi que ce soit la compétence judiciaire quant à la légalité des déclarations, le législateur ne s'est proposé d'autre but que de rendre le recours à la juridiction civile plus aisé et partant plus fréquent, en édictant une procédure à la fois simple et économique qui facilitât aux intéressés l'accès des tribunaux.

L'article 9, paragraphe 2, est purement et simplement un texte de procédure, qui à ce titre, a paru au formalisme de certains commentateurs, peu à sa place dans le Code civil.

Les travaux préparatoires témoignent nettement des intentions du législateur sur ce point.

«Pour simplifier la procédure», déclare M. Delsol dans son rapport au Sénat, « votre commission vous propose de décider que le procès sera engagé par voie de simple requête et se poursuivra suivant les formes prescrites par les articles 855 et suivants du code de procédure civile », (*Journal officiel*, janvier 1893, *Documents parlementaires*, *Sénat*, page 538) (6).

La circulaire ministérielle du 28 août 1893 (Voir *Lois nouvelles*, 1894, 1.36), s'est faite l'écho du passage précité, quand elle déclare que « c'est dans le but de rendre le recours à l'autorité judiciaire plus facile et moins onéreux que l'article 9 dispose dans son paragraphe 2, que la procédure à suivre sera celle qui est prescrite par les articles 855 et suivants, du Code de procédure civile ».

22. — La cour s'est donc montrée plus ministérielle que le ministre lui-même en lui abandonnant le contrôle absolu de la forme des déclarations, car si la chancellerie se fût crue investie de pouvoirs

---

6. — Antérieurement, nous l'avons vu (*suprà*, note 4) la question se débattait contradictoirement avec le préfet, en vertu de l'article 31 de la loi du 15 juillet 1889 sur le recrutement que l'on invoquait par voie d'analogie; cependant la dispense de timbre et d'enregistrement qu'édicte pour les actes de procédure le texte précité ne pouvait s'appliquer ici à raison de son caractère rigoureusement exceptionnel ; consacrer formellement cette extension de l'article 31 de la loi du 15 juillet 1889 relativement surtout à la gratuité de la procédure, tel aurait dû être l'unique objet d'une réforme sérieusement conçue. L'économie de frais qui résulte de l'innovation législative, si tant est même qu'elle soit sérieuse en première instance et en appel, devient absolument illusoire en cassation, pour la phase la plus onéreuse de la procédure. Or s'il est une matière où cette éventualité soit à redouter, c'est bien la nôtre ; le plaideur a dans le ministère public un adversaire qui tout d'abord n'expose personnellement aucuns frais et qui, s'il succombe, ne peut même comme représentant de l'Etat, être condamné aux dépens. Etant donné au surplus que les indigents ont la ressource de l'assistance judiciaire, aucun avantage réel ne vient donc compenser la suppression de la publicité des garanties que présentent l'audience et l'oralité des débats, le rapporteur devient presque l'arbitre souverain du litige qu'il tranche sur le vu d'une requête qu'il a pu lire avec plus ou moins d'attention, c'est un peu le système du juge unique, qui, quel que soit au fond son mérite intrinsèque, ne cadre guère, il faut en convenir, avec l'esprit général de nos institutions. Et la preuve que la procédure en la Chambre du conseil a paru présenter au législateur peu de garanties pour les affaires sérieuses, les questions d'état notamment, c'est que malgré les termes formels en apparence des articles 855 et suivants du Code de procédure, du moment où la rectification d'un acte de l'état civil soulève un litige de cette nature et n'est plus seulement relative à de simples erreurs matérielles, le procès doit s'engager par voie d'assignation et se plaider à l'audience. (V. Dalloz, répertoire, supplément, Acte de l'état civil, n° 119). Sans doute l'article 22 du décret organique du 2 février 1852 avait déjà attribué compétence à la chambre du conseil dans les questions de nationalité que soulèvent les instances électorales, mais le législateur d'alors faisait assez bon marché de toutes les garanties individuelles ; un parlement républicain aurait pu aller à meilleure école.

discrétionnaires, elle se serait bornée à les invoquer pour toute justification. En basant au contraire comme elle l'a fait sa décision sur l'interprétation de la loi — nous avons vu quelle était l'exactitude de cette interprétation (*suprà*, nos 1 et 4) — elle semble reconnaître par là même que cette décision est susceptible de contrôle de la part des tribunaux, auxquels appartient le dernier mot de toute discussion portant sur le sens de la loi.

Voilà le ministre, juge souverain et discrétionnaire de la forme, non plus seulement des déclarations, mais encore des pièces justificatives qui n'étaient dans l'espèce, qui ne sont en fait le plus souvent que des actes de l'état civil ; or comment ne pas voir là une question de droit civil de la plus haute gravité ? n'est-ce pas sur ces documents que repose si essentiellement l'état de l'individu, qu'en dehors d'eux il n'y a même plus pour lui d'existence légale.

Chose inouïe, en matière de question d'état, de question de pur droit civil, s'il en fut, l'autorité administrative est donc investie de pouvoirs discrétionnaires qui ne lui appartiennent même pas dans la sphère normale de ses attributions, sur le terrain du droit administratif. Les décisions qu'elle rend en effet dans les matières de sa compétence exclusive, sont tout d'abord susceptibles de recours devant les tribunaux administratifs, en second lieu elles ne s'imposent pas d'une manière absolue aux tribunaux judiciaires qui, ainsi que nous l'avons vu (*suprà*, n° 12), lorsqu'ils sont chargés de les appliquer, ont le droit et le devoir d'en contrôler préalablement la légalité.

23. — Mais, sera-t-on peut-être tenté de nous objecter, vous exagérez singulièrement la portée des décisions que vous critiquez, il ne s'agit dans l'espèce que d'une simple question de droit fiscal. La jurisprudence que nous combattons, répondrons-nous, pose en principe la souveraineté absolue des décisions ministérielles relativement à la forme des déclarations, rien dans la généralité des termes employés n'autorise à croire qu'elle entende restreindre l'arbitraire administratif aux questions de droit fiscal ; en fût-il même ainsi du reste que la loi n'en serait pas moins violée de la manière la plus flagrante.

Les questions contentieuses, que peut soulever la perception des droits de timbre et d'enregistrement, relèvent de la compétence des tribunaux civils au contrôle desquels sont soumises les décisions de l'administration de l'enregistrement elle-même (Loi du 13 brumaire, an VII, article 32, loi du 22 frimaire an VII, articles 64 et suivants).

Cette dernière verrait donc sur le terrain même de ses attributions légales, le ministre de la justice investi de pouvoirs plus étendus que les siens.

24. — Le garde des sceaux tranche du reste une question

beaucoup plus grave que celle de savoir si la dispense du timbre est légale ou non ; il se prononce sur la sanction que comporte l'usage du papier libre à supposer qu'il soit illicite ; il édicte de sa propre autorité un cas de nullité à propos d'un acte relatif à l'état des personnes. Or d'après l'opinion qui prévaut généralement tant en jurisprudence qu'en doctrine (cassation 12 mars 1239, Dalloz, répertoire, cassation nº 1135 — Bastia 16 janvier 1876 D. 1878, 5, 256 — Dalloz, répertoire, Timbre, nº 163, répertoire, supplément, nºs 2.473 et suivants, code de l'enregistrement nº 14.885), les contraventions aux lois du timbre et de l'enregistrement, n'ont d'autre sanction qu'une simple amende et ne sauraient en l'absence d'un texte formel qui l'édicte entraîner la nullité de l'acte indûment dressé sur papier libre. Le Conseil d'Etat, il est vrai (Dalloz, *Répertoire*, *supplément*, *timbre*, nº 2477) et croyons-nous aussi, la chambre criminelle de la cour de cassation, se prononcent dans le sens de la nullité. Il ne rentrait pas en tout cas dans les attributions du ministre de trancher une controverse dont la solution était expressément réservée par le législateur au pouvoir judiciaire, alors surtout que le problème se posait accessoirement à une question d'état de la compétence exclusive des tribunaux civils.

CHAPITRE III

Du bénéfice de l'assistance judiciaire en matière de déclaration de nationalité.

25. — Nous allons maintenant aborder le fond du droit et nous demander si les déclarations de nationalité peuvent légalement bénéficier de l'assistance judiciaire.

Quelle est tout d'abord la nature intrinsèque d'une déclaration de nationalité ?

C'est un acte de la juridiction gracieuse du juge, ayant pour objet d'exercer une revendication de nationalité en vertu du bienfait de la loi.

L'intervention d'un magistrat de l'ordre judiciaire en dehors de tout litige, tel est en matière civile le trait distinctif et caractéristique de la juridiction gracieuse.

La loi du 10 juillet 1901 a évidemment entendu s'en référer sur le sens de cette expression aux termes du droit commun, ainsi que va nous le dire l'un de ses commentateurs les plus autorisés :

> Les actes de juridiction gracieuse se déterminent aisément ; ce sont ceux *qui en dehors d'un litige appellent l'intervention d'un magistrat.* Ce seront devant les juges de paix les conseils de famille... qui sont expressément visés par M. Bompart..., ce seront les actes de notoriété dressés par le même magistrat (Henry Simon. *La nouvelle loi du 10 juillet 1901 sur l'assistance judiciaire*, pages 40 et 41).

Nul doute que les déclarations de nationalité ne rentrent dans la juridiction gracieuse du juge de paix, au même titre que les actes précités auxquels nul, sauf le ministre, ne conteste plus à l'heure actuelle le bénéfice de l'assistance judiciaire (voir *suprà*, n°s 1 et 4).

Du moment où les déclarations de nationalité rentrent, implicitement tout au moins, dans les prévisions du législateur, il est sans intérêt de se demander, si l'énumération des actes susceptibles d'assistance judiciaire contenus dans l'article 1er de la loi nouvelle a un caractère strictement limitatif ou au contraire simplement énonciatif, si de ce chef les dispositions du texte précité sont de droit étroit ou peuvent au contraire s'étendre par voie d'analogie, suivant l'opinion qui réunit en doctrine la majorité des suffrages et semble même consacrée par les travaux préparatoires (7).

26. — Pour dénier à la demanderesse le bénéfice de la loi nouvelle, le tribunal objecte « que l'assistance judiciaire n'est pas admise devant les ministres même statuant au contentieux », et il se prononce ainsi, remarquons-le en passant, en faveur du caractère limitatif de l'énumération de l'article 1er.

Nous ferons à l'objection du tribunal une double réponse.

A supposer même que les déclarations de nationalité dussent être comprises dans le contentieux ministériel (ce qui est faux, *infrà* no 28), elles n'en rentreraient pas moins préalablement dans la juridiction gracieuse du juge de paix, elles revêtiraient donc successivement deux caractères différents, et à raison et dans la mesure du premier, elles devraient toujours bénéficier de l'assistance judiciaire. Il est à remarquer en effet que la procédure en revendication de nationalité passe par deux phases successives, déclaration devant le juge de paix, enregistrement de cette déclaration à la chancellerie ; si la première est susceptible de tomber sous l'application de la loi nouvelle (*suprà*, n° 26), la question ne se pose même pas pour la seconde, à raison du caractère absolument gratuit de l'intervention ministérielle.

27. — Mais les déclarations de nationalité ne rentrent à aucun titre dans le contentieux ministériel.

Tout d'abord si le ministre statuait au contentieux il ne devrait le faire qu'après avoir mis les intéressés en demeure de faire valoir leurs moyens, un juge ne peut avoir la prétention de statuer sur le sort des parties, sans les avoir préalablement entendues, sous peine de violer les règles non seulement du droit mais encore de la plus vulgaire équité.

Il convient en outre de remarquer que si le ministre rend un véri-

---

7. — En ce sens, commentaire de la loi du 10 juillet 1901 par M. Pacton, *Lois nouvelles*, 1901, 1. 320, par Gustave Fortier, *Bulletin commentaire des lois nouvelles*, 1901, pages 323 et 324 ; Garsonnet et Cézar Bru, *Traité théorique et pratique de procédure*, tome VIe, 2e appendice, p. 814.

M. Régis Coste professe la même opinion de la manière la plus large (*Code pratique de l'assistance judiciaire*, 2e édition, p. 250), puisqu'il étend le bénéfice de l'assistance judiciaire non seulement à la réunion des conseils de famille et à l'apposition des scellés, qui sont évidemment des actes de juridiction gracieuse dans le sens strict de la loi, à raison de ce qu'ils rentrent dans la compétence d'un magistrat de l'ordre judiciaire, mais encore aux actes des notaires, ce qui revient à dire que l'assistance judiciaire s'applique indistinctement à tous les actes de la vie civile.

Voici le passage des travaux préparatoires auxquels nous faisions allusion : « Le secours de l'assistance judiciaire sera valablement accordé pour toute procédure tendant à revendiquer un droit, à sauvegarder un intérêt sous quelqu'aspect qu'ils se présentent ». (Rapport de M. Bompart à la Chambre des députés, *Journal officiel*, décembre 1898, documents parlementaires, Chambre, page 518, colonne I, 6e alinéa).

table jugement, le tribunal civil devient, au mépris du principe de la séparation des pouvoirs, juge d'appel d'une décision administrative, et comme la sentence du tribunal civil est elle-même susceptible d'appel, nous allons nous trouver en présence de deux degrés d'appel contrairement aux principes fondamentaux de notre procédure.

Mais il est une autre circonstance plus décisive encore et qui suffit à elle seule pour exclure de la part du ministre toute idée de juridiction même gracieuse et à plus forte raison contentieuse, c'est l'absence de toute autorité de chose jugée pour les décisions de la chancellerie en la matière.

Nous disons que c'est là une circonstance exclusive de toute juridiction même gracieuse, car en cette matière les décisions du ministre sont également susceptibles de passer en force de chose jugée à l'expiration de très brefs délais qui limitent les voies de recours. Ces décisions même gracieuses sont en effet des actes d'administration auxquels il convient d'assurer un peu de stabilité, pour des motifs d'intérêt général, sous peine de voir indéfiniment entraver la marche des services publics (8).

Or, quand le ministre statue sur la légalité des déclarations, conformément au nouvel article 9 § 2 du Code civil, ses décisions ne sont jamais susceptibles de passer en force de chose jugée dans *quelque sens qu'il se prononce.*

La chancellerie refuse-t-elle l'enregistrement, le recours à la juridiction civile est indéfiniment ouvert, à tort ou à raison (*suprà*, note 4) le texte de l'article 9, paragraphe 2 du Code civil n'impartissant à l'in-

---

8. — Pour justifier nos allégations nous croyons devoir brièvement élucider ce point délicat. La jurisprudence a longtemps reconnu au ministre le caractère de juge de droit commun en premier ressort des questions de droit administratif et attaché en conséquence un caractère véritablement contentieux aux décisions qu'il rendait en ces matières ; puis répudiant ses premiers errements, elle a décidé ensuite que la juridiction contentieuse du ministre n'existait plus qu'en vertu de textes formels fort rares du reste (voir Hauriou, *Précis de droit administratif*, 2e édition, p. 720, n° 590) en dehors desquels il n'y avait plus lieu qu'à l'exercice de la juridiction gracieuse ; néanmoins même aux actes de cette dernière catégorie s'attache, comme nous le disions et pour des motifs d'ordre public (*suprà*, n° 27) l'autorité de la chose jugée ; et c'est justement à raison de ce que les actes que l'on fait rentrer maintenant dans la juridiction gracieuse avaient ce point de commun avec les actes de juridiction contentieuse qu'on leur a longtemps attribué ce dernier caractère. (Voir pour de plus amples développements Hauriou. *Précis de droit administratif*, 2e édition, p. 702, n° 573. Ducrocq. *Cours de droit administratif*, 7e édition, t. II, pages 176 et suivantes, nos 520 et suivant. Becquet *Répertoire administratif au mot Contentieux*, n° 394).

Remarquons très incidemment du reste que même en lui attribuant un sens restrictif (*suprà* n° 26) l'article 1er § 2 de la loi du 10 juillet 1901, par cela seul qu'il parle en termes généreux des actes de juridiction gracieuse, semble viser même les actes de juridiction gracieuse du ministre, c'est-à-dire presque tous les actes de sa juridiction, qui comme nous venons de le voir n'est plus que très exceptionnellement contentieuse.

téressé aucun délai à peine de forclusion. Le garde des sceaux prétend-il au contraire affirmer la légalité de la déclaration en procédant à l'enregistrement que cette légalité pourra encore, nonobstant l'accomplissement de cette formalité être ultérieurement contestée devant les tribunaux. (Campistron, *Commentaire pratique des lois* des 26 juin 1889 et 22 juillet 1893 *sur la nationalité*, p. 62. Georges Gruffy. *Application pratique des lois françaises sur la nationalité par l'administration. Journal de droit international privé*, 1894, page 773) (9).

---

9. — La légalité d'une déclaration même enregistrée pourra notamment être contestée dans les deux hypothèses suivantes :

1° Un père naturel a souscrit au nom de son enfant mineur la déclaration prévue par l'article 9 paragraphe 10 du Code civil, à l'effet de lui faire acquérir la qualité de français, en y joignant suivant l'usage imposé par la chancellerie dans ses circulaires une renonciation anticipée à la faculté de répudiation qui lui appartiendrait du chef de l'article 8 paragraphe 4 s'il était domicilié en France à l'époque de sa majorité.

Le ministre de la justice a en effet considéré le père naturel comme tuteur légal jusqu'à ce que la jurisprudence de la Cour de cassation (arrêt du 16 novembre 1898. D. 99. I. 218) eut décidé que l'enfant naturel ne peut bénéficier que de la tutelle dative. Dans ces conditions l'intéressé pourra très bien prétendre exercer à sa majorité la faculté de répudiation inscrite dans l'article 8 paragraphe 4, nonobstant la déclaration antérieure qu'il prétendra tenir pour nulle et non avenue à raison de ce qu'elle émanait de quelqu'un qui n'avait pas qualité pour parler en son nom. Le litige surgira si du chef de cette première déclaration à l'effet d'acquérir la qualité de français la chancellerie refuse l'enregistrement d'une seconde à l'effet de répudier cette même qualité.

Pour que la question puisse se poser dans ces termes, il faut naturellement admettre qu'en principe et en la supposant émanée du véritable représentant légal de l'intéressé, la déclaration prévue par l'article 9 paragraphe 10 du Code civil est exclusive de tout droit ultérieur de répudiation, ou que si elle ne l'est pas par elle seule, elle peut, suivant la pratique de la chancellerie, être valablement accompagnée d'une renonciation anticipée à cette faculté de répudiation. Ce sont là des questions controversées, mais si la première est résolue affirmativement comme elle doit l'être à notre avis (voir en ce sens Cluzel. *De la nationalité des enfants mineurs d'étrangers dans la nationalité française*, page 147), la seconde ne se pose même pas.

Suivant nous la déclaration prévue par l'article 9 paragraphe 10 est en elle-même absolument exclusive de l'exercice ultérieur du droit de répudiation inscrit dans l'article 8 paragraphe 4. L'article 9 paragraphe 10 d'une part, et l'article 8 paragraphe 4 d'autre part constituent deux modes de naturalisation distincts, le premier définitif, le second conditionnel. Celui qui est devenu français en vertu du premier n'est plus appelé à le devenir en vertu du second.

Les conséquences du système opposé le condamnent absolument ; on ne peut bénéficier de l'article 8 paragraphe 4 que par le fait du domicile en France à l'époque de la majorité. Celui qui est devenu français au cours de sa minorité, le sera définitivement s'il est à l'étranger au moment de ses vingt et un ans, il ne le sera plus que conditionnellement s'il habite la France à la même époque. Le domicile en France viendrait desserrer les liens qui l'unissent à son pays d'origine, l'article 8 paragraphe 4 ne serait plus dans l'espèce un mode d'acquisition, mais de perte de la qualité de français. Quelle incohérence et quelle contradiction !

2° A l'heure actuelle la chancellerie considère comme français de naissance sauf faculté de répudiation à l'époque de la majorité en vertu du nouvel article

28. — Cette absence d'autorité de la chose jugée, nous ne saurions trop insister sur ce point, quitte à nous répéter, est en notre matière le trait essentiellement distinctif de la décision ministérielle, elle lui ôte tout caractère d'acte de juridiction même gracieuse (*suprà*, nº 28 et note 8) ; que dès lors cette décision soit implicite comme en cas d'enregistrement, formelle et motivée comme en cas de refus, peu importe, elle ne joue plus le rôle que d'un simple avis qui n'a pour les tribunaux qu'une autorité purement doctrinale : le lecteur a pu, du reste, apprécier le mérite juridique des errements de la chancellerie (*suprà*, nºs **1** et **4**).

29. — Les théories que nous venons de formuler ont été encore contredites dans le numéro précédent de cette même revue et voici en quels termes :

« L'assistance judiciaire ne peut être accordée en dehors de tout litige qu'aux impétrants qui la sollicitent dans les deux hypothèses ci-après : pour un acte de juridiction gracieuse ou pour un acte conservatoire ; or une déclaration de nationalité ne constitue pas un procès et ce n'est pas un acte de juridiction gracieuse, puisque dans certains cas la décision ministérielle est susceptible de recours devant la juridiction civile. Telle est la première question que le tribunal avait à résoudre » (*Lois nouvelles*, 1902, 4ᵉ partie, page 74).

Cette dernière proposition, remarquons-le encore une fois (*suprà*, nº 6) est absolument inexacte. La première question que le tribunal avait à résoudre à raison de son caractère nettement préjudiciel, parce qu'une solution négative le dispensait d'examiner les autres chefs de conclusions, c'était celle de savoir si les décisions du bureau ne peuvent être l'objet d'aucune autre contestation que de l'appel exercé par le procureur général auprès du bureau de la Cour, dans les termes de l'article 12, paragraphe 3, de la loi du 10 juillet 1901.

D'après notre adversaire « une déclaration de nationalité n'est pas

---

8 paragraphe 3, alinéa 1 du Code civil, l'individu né en France d'un père étranger et d'une mère née sur les territoires annexés antérieurement à leur réunion, à raison de ce qu'en vertu de la prétendue rétroactivité des traités d'annexion (affirmée par la Cour d'Aix dans l'arrêt Chiotasso du 2 décembre 1898 (Clunet 1900, page 801), mais déniée ensuite par cette même Cour par plusieurs arrêts dont le dernier en date est du 16 juin 1902, arrêt Vatrican, (*Gazette des tribunaux*, recueil 1902. 2. 145), cette dernière serait réputée née elle-même en France. En conséquence le ministre n'admet plus le mineur qui se trouve dans les conditions précitées à se prévaloir de l'article 9 paragraphe 10 à l'effet d'acquérir la qualité de français qu'il posséderait déjà, mais simplement à renoncer par anticipation à la faculté de répudiation inscrite dans l'article 8 paragraphe 3. Devenu majeur, ce dernier pourra fort bien se prétendre en droit de répudier la nationalité française dans les formes prévues par l'article 8 paragraphe 4 du Code civil, déniant toute rétroactivité aux cessions de territoire conformément aux derniers errements de la jurisprudence, soutenant que dès lors il est né en France de parents étrangers nés à l'étranger et qu'en conséquence une renonciation au droit de répudier une nationalité qu'ils n'avaient pas n'a pu la lui conférer.

un acte de juridiction gracieuse puisque dans certain cas la décision ministérielle est susceptible de recours devant la juridiction civile »; on pourrait, nous semble-t-il, dire avec autant de logique « la réunion d'un conseil de famille n'est pas un acte de juridiction gracieuse puisqu'aux termes de l'article 883 du Code de procédure civile leurs délibérations sont susceptibles de recours devant la juridiction civile ».

Si l'éventualité d'un recours devant les tribunaux, recours prévu et réglé dans certains cas par le législateur lui-même, est incompatible avec le caractère d'acte de juridiction gracieuse, il faut biffer de nos codes cette catégorie d'actes ; car il en est sous ce rapport des actes de juridiction gracieuse comme de tous les actes de la vie civile ; ils peuvent donner lieu à des contestations et à des procès ; mais ces procès, à la différence des actes de procédure contentieuse, ils ne les supposent pas nécessairement, ne puisent pas en eux leur raison d'être ; loin d'être la condition de leur existence, un litige est à leur égard un fait absolument accidentel qui ne change pas leur caractère primitif.

De ce que les actes de juridiction gracieuse soient comme tous les actes de la vie civile susceptibles d'engendrer un procès, il ne s'en suit nullement qu'en réclamant pour eux le bénéfice de l'assistance judiciaire, à raison de ce qu'un texte formel le leur concède, on le réclame par là même pour tous les autres actes de la vie civile ; cette singulière logique n'a jamais été celle de la demanderesse, comme paraît le supposer le tribunal, puisqu'il croit devoir affirmer (*suprà*, n° 2) « que si la loi de 1901 a étendu aux actes d'exécution le bénéfice de l'assistance judiciaire, elle ne l'a pas étendu aux actes susceptibles d'engendrer un procès, c'est-à-dire à tous les actes ». Le tribunal a évidemment voulu dire, quoique les termes dont il se sert ne traduisent peut-être pas très exactement sa pensée, qu'un acte ne doit pas nécessairement bénéficier de l'assistance judiciaire par cela seul « qu'il est susceptible d'engendrer un procès », qu'autrement on en arriverait au mépris de la loi (Voir la controverse sur ce point, *suprà*, n° 26 et note 7) à obtenir l'assistance judiciaire pour tous les actes de la vie civile indistinctement, étant donné qu'il n'en est aucun qui ne puisse devenir à l'occasion un sujet de contestations. On ne voit pas trop quel rapport avait avec les faits de la cause, une telle affirmation, le contraire n'ayant jamais été soutenu au cours des débats.

Cette affirmation encore une fois absolument superflue est du reste formulée en termes assez inexacts, le tribunal semble oublier que la loi nouvelle a étendu le bénéfice de l'assistance judiciaire non seulement aux actes d'exécution, mais encore « en dehors de tout litige aux actes de juridiction gracieuse et aux actes conservatoires » ; or c'était justement à raison de leur incontestable caractère d'actes de juridiction gracieuse que l'on réclamait dans l'espèce le bénéfice de la loi nouvelle pour les déclarations de nationalité.

La conclusion de cette discussion — et nous ne saurions trop insister sur des points aussi importants quitte à nous répéter — c'est qu'en dépit des objections de nos adversaires les déclarations de nationalité n'en conservent pas moins à nos yeux leur caractère d'actes de la juridiction gracieuse du juge de paix, puisque *mutatis mutandis* elles rentrent dans la compétence de ce magistrat au même titre qu'un conseil de famille ou un acte de notoriété (*suprà*, nos 25 et 26); que de ce chef elles doivent bénéficier des dispositions formelles de la loi, que si elles peuvent tomber dans le domaine de la juridiction contentieuse des tribunaux, ce n'est là qu'une éventualité qui leur est commune avec tous les actes de la vie civile et qui ne saurait changer leur caractère primitif, c'est qu'enfin, comme nous l'avons déjà fait observer (*suprà*, n° 28), elles ne rentrent nullement dans la juridiction ministérielle, qu'au surplus l'intervention de la chancellerie, quelque qualification juridique qu'il convienne de lui donner, se réduisant à l'accomplissement de formalités gratuites, il serait sans intérêt de se demander si cette seconde phase de la procédure peut bénéficier de l'application de la loi nouvelle (*suprà*, n° 27).

30. — Notre tâche est terminée; la cause que nous venons de défendre sur le libre terrain de la discussion juridique est certainement digne de la sympathie de tous les gens de cœur ; si les intéressés sollicitent la remise d'un impôt aussi lourd pour eux qu'il est peu lucratif pour l'Etat, ils souscrivent par avance au nom de leurs enfants à l'obligation au service militaire, dette dont l'acquittement est autrement profitable à la patrie que le versement de quelques pièces de monnaie. Faut-il donc acheter à vil prix le droit de verser son sang pour la France si l'on peut en être déchu faute de quelques écus ? Les prétentions de ces pauvres gens ne sont pas moins fondées en droit qu'en équité, elles sont trop évidemment conformes non seulement au texte, mais encore à l'esprit d'une loi qui, les travaux préparatoires en font foi (*suprà*, note 7), s'est proposée de « sauvegarder les droits et les intérêts de l'indigent sous quelque forme qu'ils se présentent ».

Mayenne, imprimerie CH. COLIN. *Spécialité de publications périodiques.*

Mayenne, Imprimerie Ch. Colin.

www.ingramcontent.com/pod-product-compliance
Ingram Content Group UK Ltd.
Pitfield, Milton Keynes, MK11 3LW, UK
UKHW020416220726
13923UKWH00004B/1989